EXAMEN ANNUEL

DE

L'INSTRUCTION PRIMAIRE DES CONSCRITS

ET

ÉCOLES RÉGIMENTAIRES

DES

CORPS DE TROUPE DE TOUTES ARMES

Loi du 29 Juillet 1910.

Décret du 8 Septembre 1912. — Instruction du 21 Septembre 1912.

Arrêté du 23 Septembre 1912.

PARIS

Henri CHARLES-LAVAUZELLE

Éditeur militaire

10, Rue Danton, Boulevard Saint-Germain, 118

(MÊME MAISON A LIMOGES)

1912

EXAMEN ANNUEL

DE

L'INSTRUCTION PRIMAIRE DES CONSCRITS

ET

ÉCOLES RÉGIMENTAIRES

DES CORPS DE TROUPE DE TOUTES ARMES

Loi du 29 Juillet 1910.
Décret du 8 Septembre 1912. — Instruction du 21 Septembre 1912.
Arrêté du 23 Septembre 1912.

*Loi établissant un examen annuel de l'instruction primaire
des conscrits.*

Paris, le 29 juillet 1910.

Le Sénat et la Chambre des députés ont adopté,
Le Président de la République promulgue la loi dont la teneur
suit :

Art. 1er. Chaque année, les conscrits non pourvus de diplômes
ou certificats d'instruction primaire ou secondaire doivent, dès
leur arrivée au corps, au jour fixé par l'autorité militaire, subir
un examen destiné à constater leur degré d'instruction.

Art. 2. Il sera organisé, dans chaque corps de troupes, des
cours spéciaux d'instruction élémentaire, à l'effet d'assurer cette
instruction aux conscrits dont les épreuves auront été jugées
insuffisantes.

Art. 3. Un règlement d'administration publique, rendu après
avis du conseil supérieur de l'instruction publique, sur le rapport des Ministres de la guerre, de la marine et de l'instruction
publique, déterminera la composition et le mode de nomination
de la commission d'examen, les formes de l'examen, la nature
des épreuves écrites, et, pour les illettrés, de l'épreuve orale, le
mode de correction et de notation, la publication des résultats et
toutes autres conditions d'application de la présente loi.

La présente loi, délibérée et adoptée par le Sénat et par la Chambre des députés, sera exécutée comme loi de l'Etat.

Fait à Rambouillet, le 29 juillet 1910.

A. FALLIÈRES.

Par le Président de la République :

Le Ministre de la guerre,
BRUN.

Le Ministre de la marine,
DE LAPEYRÈRE.

Le Ministre de l'instruction publique et des beaux-arts,
Gaston DOUMERGUE.

* * *

Décret portant règlement d'administration publique pour l'application de la loi du 29 juillet 1910 relative à un examen annuel de l'instruction primaire des conscrits.

Paris, le 8 septembre 1912.

Le Président de la République française,

Sur le rapport des Ministres de la guerre, de la marine et de l'instruction publique,

Vu la loi du 29 juillet 1910, établissant un examen annuel de l'instruction primaire des conscrits et notamment l'article 3, § 1er, ainsi conçu :

« Un règlement d'administration publique, rendu après avis du conseil supérieur de l'instruction publique, sur le rapport des Ministres de la guerre, de la marine et de l'instruction publique, déterminera la composition et le mode de nomination de la commission d'examen, la nature des épreuves écrites, et, pour les illettrés, de l'épreuve orale, le mode de correction et de notation, la publication des résultats et toutes les autres conditions d'application de la présente loi »;

Vu l'avis du Conseil supérieur de l'instruction publique;

Le Conseil d'Etat entendu,

Décrète :

Art. 1er. L'examen prévu par l'article 1er de la loi du 29 juillet 1910, à l'effet de constater l'instruction primaire des conscrits, a lieu, pour tous les jeunes soldats du contingent, dans la quinzaine de leur incorporation. L'autorité militaire fixe le jour et le lieu de l'examen. Sur sa demande, adressée au préfet, des locaux scolaires sont mis à sa disposition.

Les engagés volontaires passent l'examen en même temps que les jeunes gens de la classe dont l'incorporation suit leur engagement.

Sont dispensés de cet examen tous les jeunes gens pourvus du certificat d'études primaires élémentaires ou d'un des diplômes ou certificats au moins équivalents dont la nomenclature sera arrêtée par le Ministre de l'instruction publique.

Art. 2. Dans chaque centre d'examen, il est constitué une ou plusieurs commissions composées ainsi qu'il suit :

Le commandant d'armes ou un officier délégué par lui, président;

L'inspecteur primaire de la circonscription ou, à défaut, un autre fonctionnaire de l'enseignement public désigné par l'inspecteur d'académie, vice-président;

Un officier désigné par le commandant, d'armes;

Un instituteur ou un ancien instituteur public, ou, à défaut, un autre membre ou ancien membre de l'enseignement public désigné par l'inspecteur d'académie.

La commission ne peut délibérer que si deux de ses membres, dont un membre ou ancien membre de l'enseignement public, sont présents.

En cas de partage des voix, le président a voix prépondérante.

Lorsque la garnison du lieu d'examen ne compte qu'un ou deux officiers, la commission ne comprend que deux membres : un officier président, un membre ou ancien membre de l'enseignement public.

Chaque commission désigne un de ses membres pour remplir les fonctions de secrétaire,

Art. 3. L'examen comprend trois épreuves écrites, dont les sujets sont arrêtés par la commission, sur la proposition de l'inspecteur primaire ou de son remplaçant :

1° Une épreuve d'écriture d'une durée d'un quart d'heure, consistant en une dictée très simple d'une dizaine de lignes au maximum;

2° Une épreuve de calcul d'une durée d'une demi-heure, comprenant :

a) Une dictée de quelques nombres (de trois à cinq chiffres);

b) Un petit problème comportant une addition et une soustraction;

c) Un petit problème comportant une multiplication ou une division et quelques notions du système métrique;

3° La réponse à trois questions très élémentaires portant respectivement sur l'histoire de France, la géographie de la France et l'instruction civique. La durée de cette épreuve est d'un quart d'heure.

Art. 4. Ces épreuves sont appréciées d'après l'échelle suivante :

1ʳᵉ épreuve.

Note 0. — Ignorance complète de l'écriture ou simple signature.

Note 1, 2 ou 3. — Ecriture et orthographe insuffisantes, médiocres ou satisfaisantes.

2ᵉ épreuve.

Note 0. — Travail nul.
Note 1. — Réponse satisfaisante à une question.
Note 2. — Réponse satisfaisante à deux questions.
Note 3. — Réponse satisfaisante aux trois questions.

3ᵉ épreuve.

Note 0. — Travail nul.
Note 1. — Réponse satisfaisante à une question.
Note 2. — Réponse satisfaisante à deux questions.
Note 3. — Réponse satisfaisante aux trois questions.

Art. 5. Les conscrits qui ont obtenu au moins cinq points pour l'ensemble des questions écrites sont dispensés de suivre les cours établis par l'autorité militaire. Tous ceux qui n'ont pas obtenu cinq points sont astreints à suivre ces cours.

Art. 6. Les conscrits auxquels la note 0 a été attribuée pour la première épreuve sont soumis, le jour de l'examen, à une épreuve orale. Cette épreuve consiste dans la lecture d'un texte imprimé facile. Pour les conscrits incapables de lire à peu près couramment, la note 0 est soulignée d'un trait.

Art. 7. Un procès-verbal de l'examen, conforme au modèle annexé (tableau A), est rédigé séance tenante par le secrétaire de la commission.

A ce procès-verbal est joint un état relatif aux jeunes soldats dispensés de l'examen, conforme au modèle ci-après (tableau B).

Deux expéditions du procès-verbal et de l'état joint sont immédiatement adressées, par la voie hiérarchique, l'une au commandant de corps d'armée, l'autre à l'inspecteur d'académie.

Ces procès-verbaux et les états joints font l'objet, au siège de chaque inspection académique, de tableaux numériques récapitulatifs dont le modèle est arrêté par le Ministre de l'instruction publique. D'après ces tableaux, une statistique annuelle par département, arrondissement, canton et commune, est dressée au ministère de l'instruction publique. La statistique générale par départements est publiée au *Journal officiel;* la statistique particulière à chaque département est publiée au *Recueil des actes administratifs* ou au *Bulletin départemental de l'instruction primaire.*

Art. 8. En ce qui concerne les recrues de la marine, l'examen des jeunes gens du contingent a lieu dans les conditions fixées à l'article 1er pour les conscrits de l'armée de terre. Pour les inscrits maritimes et les engagés volontaires, l'examen a lieu dans les trois mois qui suivent l'incorporation.

Les commissions d'examen sont présidées par un officier délégué par le préfet maritime. Le préfet maritime désigne également le second officier devant faire partie de la commission.

Les expéditions du procès-verbal d'examen et de l'état joint prévues par l'article 7 sont adressées l'une au préfet maritime, l'autre à l'inspecteur d'académie.

Les autres dispositions des articles ci-dessus sont applicables aux examens prévus au présent article.

Art. 9. Les Ministres de la guerre, de la marine et de l'instruction publique sont chargés, chacun en ce qui le concerne, de l'exécution du présent décret, qui sera publié au *Journal officiel* et inséré au *Bulletin des lois.*

Fait à Rambouillet, le 8 septembre 1912.

A. FALLIÈRES.

Par le Président de la République :

Le Ministre de la guerre,   *Le Ministre de la marine,*

A. MILLERAND.   DELCASSÉ.

Le Ministre de l'instruction publique et des beaux-arts,

GUIST'HAU.

MODÈLE DE PROCÈS-VERBAL D'EXAMEN ET MODÈLE D'ÉTAT
relatif aux jeunes soldats dispensés d'examen.

Date de l'examen : 1912

TABLEAU A.

Procès-verbal d'examen.

Centre d'examen : ......

Corps d'armée : ......

Corps de troupe : ......

NOMS ET PRÉNOMS DES CONSCRITS. Ordre alphabétique.	BUREAU de RECRUTEMENT.	PROFESSION.	COMMUNE où le conscrit a terminé sa scolarité ou devait recevoir l'instruction à sa dernière année d'âge scolaire.	DÉPARTEMENT où est située cette commune.	NOTES OBTENUES POUR LES ÉPREUVES.				OBSERVATIONS
					Écriture.	Calcul.	Histoire, géographie instruction civique.	Total.	

— 9 —

1912
—
Date
de la dispense : ....

TABLEAU B.

État relatif aux conscrits dispensés d'examen.

Contre d'examen : ....

Corps d'armée : ....

Corps de troupe : ....

NOMS et prénoms des conscrits. ORDRE ALPHABÉTIQUE.	BUREAU du RECRUTEMENT.	PROFESSION.	COMMUNE où le conscrit a terminé sa scolarité.	DÉPARTEMENT où est située cette commune.	TITRES JUSTIFIANT LA DISPENSE							OBSERVATIONS.
					Certificat d'études primaires élémentaires.	Certificat d'études primaires supérieures.	Brevet élémentaire.	Brevet supérieur.	Certificat d'études secondaires du premier degré.	Baccalauréat.	Autres titres équivalents.	

— 7 —

Arrêté du Ministre de l'instruction publique et des beaux-arts fixant les diplômes, brevets, titres ou certificats dispensant de l'examen de l'instruction primaire des conscrits institué par la loi du 29 juillet 1910.

Paris, le 23 septembre 1912.

Le Ministre de l'instruction publique et des beaux-arts,

Vu la loi du 29 juillet 1910, relative à un examen annuel de l'instruction primaire des conscrits;

Vu le décret du 8 septembre 1912, portant règlement d'administration publique pour l'application de ladite loi, et notamment l'article 1er, paragraphe 4,

Arrête :

Sont admis, à défaut du certificat d'études primaires élémentaires, comme donnant droit à la dispense de l'examen institué par la loi du 29 juillet 1910, les diplômes ou certificats dont la nomenclature suit :

Certificat d'études primaires supérieures;

Brevet élémentaire ou brevet supérieur;

Certificat d'études secondaires du premier degré;

Certificat d'aptitude à la première partie des épreuves du baccalauréat de l'enseignement secondaire;

Baccalauréat de l'enseignement secondaire;

Certificat de capacité en droit;

Diplômes d'études supérieures délivrés par les facultés des sciences et les facultés des lettres;

Certificat de capacité professionnelle institué par le décret du 24 octobre 1911;

Titre d'élève ou d'ancien élève d'une des écoles mentionnées ci-après :

ÉCOLES RESSORTISSANT AU MINISTÈRE DE L'AGRICULTURE.

*Ecoles nationales d'agriculture;
*Ecoles pratiques ou professionnelles d'agriculture;
*Ecole régionale d'agriculture d'Ondes (Haute-Garonne);
*Ecoles d'industrie laitière;

*Ecoles des industries agricoles de Douai;
*Ecole nationale d'horticulture de Versailles.

ÉCOLE RESSORTISSANT AU MINISTÈRE DES COLONIES.

*Ecole coloniale.

ÉCOLES RESSORTISSANT AU MINISTÈRE DU COMMERCE
ET DE L'INDUSTRIE.

*Ecole normale de l'enseignement technique;
*Ecole centrale des arts et manufactures;
*Ecoles supérieures de commerce;
*Ecoles nationales d'arts et métiers;
*Ecoles nationales professionnelles;
Ecoles nationales d'horlogerie de Besançon et de Cluses;
Ecoles pratiques de commerce et d'industrie;
Ecoles d'hydrographie.

ÉCOLES RESSORTISSANT AU MINISTÈRE DE L'INSTRUCTION PUBLIQUE
ET DES BEAUX-ARTS.

Ecole pratique des hautes études;
Ecole des langues orientales vivantes;
Ecole du Louvre;
*Instituts techniques annexés aux universités (instituts chimiques et électrotechniques de Grenoble, Lille, Nancy, Toulouse; institut de chimie appliquée de Paris; école de papeterie de Grenoble, écoles de chimie et de tannerie de Lyon, école de chimie industrielle de Rouen, institut agricole de Nancy, etc.);
*Ecole nationale des beaux-arts de Paris;
*Ecole nationale des arts décoratifs de Paris;
Ecoles nationales et régionales des beaux-arts et des arts décoratifs ou industriels;
Ecoles des manufactures des Gobelins, de Beauvais et de Sèvres;
*Ecoles régionales d'architecture;
*Ecole spéciale d'architecture de Paris;
*Conservatoire national de musique;
Succursales du Conservatoire.

ÉCOLES RESSORTISSANT AU MINISTÈRE DE LA JUSTICE.

Ecoles de notariat.

ÉCOLES RESSORTISSANT AU MINISTÈRE DES TRAVAUX PUBLICS.

*Ecole nationale des ponts et chaussées;
*Ecole nationale supérieure des mines;
*Ecole nationale des mines de Saint-Etienne;
*Ecoles des maîtres mineurs d'Alais et de Douai;
Ecoles entretenues par les chambres de commerce, notamment les écoles commerciales de Paris (avenue Trudaine et rue Armand-Moisant);
*Ecole municipale de physique et de chimie de Paris.

Pour les écoles comportant un examen d'admission (1), le certificat constatant que le conscrit a été soit admis à l'examen, soit admissible à la suite des épreuves écrites, est tenu pour équivalent au certificat d'études primaires élémentaires.

Fait à Paris, le 23 septembre 1912.

GUIST'HAU.

---

(1) Ces écoles sont désignées dans la liste par un astérisque.

*Instruction relative aux écoles régimentaires des corps de troupe
de toutes armes* (1).

Paris, le 21 septembre 1912.

Dispositions générales.

Dans chaque corps de troupe, le service des écoles régimentaires comprend :

1° Des *cours spéciaux d'instruction élémentaire*, à l'effet d'assurer, conformément à l'article 2 de la loi du 29 juillet 1910, une instruction élémentaire aux soldats dont les épreuves, à l'arrivée au corps ont été jugées insuffisantes;

2° Des *cours à deux degrés* pour la préparation des candidats aux écoles de sous-officiers élèves officiers (2).

Il est dirigé par un officier supérieur ou capitaine, directeur des écoles régimentaires.

Dans les sections formant corps, le service des écoles régimentaires ne comprend que les *cours spéciaux d'instruction élémentaire.*

EXAMEN ANNUEL DE L'INSTRUCTION PRIMAIRE DES CONSCRITS.

L'examen annuel de l'instruction primaire des conscrits établi par la loi du 29 juillet 1910 a lieu, pour tous les jeunes soldats du contingent, dans la quinzaine de leur incorporation, dans les conditions fixées par décret du 8 septembre 1912.

Après entente avec le préfet au sujet des locaux scolaires à mettre à la disposition de l'autorité militaire, le commandant d'armes de chaque centre d'examen détermine le jour, le lieu et l'heure de l'examen.

Les fournitures nécessaires (papier, porte-plumes, encre, etc...) sont assurées par les soins des corps intéressés.

Le commandant d'armes fait commander les cadres indispensables pour la surveillance des conscrits examinés.

Les commissions, composées conformément à l'article 2 du décret, sont nommées, en temps voulu, par le général comman-

---

(1) Cette instruction est immédiatement applicable dans les corps de troupe de toutes armes et dans les sections formant corps.
(2) Lorsque ces cours n'ont pas lieu par garnison.

dant la subdivision qui s'entend à cet effet avec le ou les inspecteurs d'académie dont dépendent les centres d'examen.

COURS SPÉCIAUX D'INSTRUCTION ÉLÉMENTAIRE.

Conformément à l'article 2 de la loi du 29 juillet 1910, il est organisé dans chaque corps de troupe des *cours spéciaux d'instruction élémentaire*, à l'effet d'assurer cette instruction à tous les hommes qui, à l'examen passé devant la commission instituée par l'article 3 de ladite loi, n'ont pas obtenu cinq points pour l'ensemble des questions écrites.

Ces cours ont lieu par régiment, groupe ou unité, suivant le nombre des hommes qui doivent les suivre et les conditions locales.

Toutes les mesures de détail sont réglées par le chef de corps ou de détachement.

Le but à poursuivre est de donner une instruction élémentaire à tous les hommes sous les drapeaux, qui en sont dépourvus, et de ne laisser aucun soldat rentrer illettré dans ses foyers, à l'expiration de son service.

Le programme à suivre est celui de l'enseignement primaire élémentaire.

Les heures des cours spéciaux sont fixées en dehors des heures d'instruction générale. Il doit y avoir deux séances au minimum par semaine. L'obligation d'assister à ces cours cesse, pour les hommes, dès qu'ils possèdent une instruction élémentaire suffisante.

Les instituteurs sous les drapeaux, appelés, le cas échéant, à donner l'instruction, doivent être choisis exclusivement parmi ceux qui relèvent du ministère de l'instruction publique.

Les chefs de corps peuvent utiliser, pour l'instruction des hommes, toutes les œuvres relevant du ministère de l'instruction publique, qui consentent à prêter leur concours; les cours spéciaux d'instruction élémentaire du corps sont réglés en conséquence.

Toutes les dépenses relatives aux examens annuels des conscrits et au fonctionnement de ces cours sont supportées par la masse des écoles dans les corps où fonctionne cette masse et par la masse d'habillement (fonds commun), dans ceux où la masse des écoles n'existe pas.

COURS A DEUX DEGRÉS.

L'organisation et le fonctionnement de ces cours sont fixés par les dispositions des instructions et circulaires suivantes : circulaire et instruction du 27 juin 1908, modifiée le 24 août 1910; circulaire du 21 juillet 1908; circulaire du 29 septembre 1908; circulaire du 16 novembre 1908; circulaire du 10 juin 1911; circulaires du 2 mai 1908, du 13 février 1911 et du 7 juillet 1911.

DEVOIRS DU COMMANDEMENT.

L'éducation et l'instruction militaires des candidats élèves officiers sont données surtout dans les unités.

Les capitaines et les officiers des unités saisissent toutes les occasions de leur inspirer le sentiment du devoir, de développer leur jugement et leur caractère; ils veillent à ce qu'ils commandent avec tact.

Le capitaine s'assure qu'ils suivent avec assiduité les exercices physiques et d'escrime (1).

Les sous-officiers proposés doivent continuer à exercer effectivement les fonctions de leur grade et participer pendant toute l'année d'instruction aux exercices de leur unité, sous la réserve de ne pas être distraits des cours à deux degrés; ils sont exercés à remplir les missions qui peuvent être confiées à un chef de section ou de peloton dans toutes les circonstances de guerre, ainsi qu'à rédiger un rapport court et simple, à exécuter un croquis, à lire la carte, etc.

Les officiers les guident dans l'étude des règlements et des connaissances militaires prévus au programme et s'attachent à développer leur instruction militaire pratique en leur confiant un commandement effectif aussi bien dans les exercices à rangs serrés que dans les manœuvres en terrains variés et le service en campagne.

Le commandement a le devoir d'exercer, à toute époque de l'année, le contrôle le plus actif sur le fonctionnement des cours des écoles régimentaires et sur le soin avec lequel les officiers dirigent l'éducation et l'instruction militaires des candidats élèves officiers.

---

(1) L'enseignement de l'escrime est supprimé dans les troupes coloniales.

Tout en laissant à chacun l'initiative la plus large, il veille à ce que tous apportent le zèle désirable à l'accomplissement de la tâche qui leur est confiée; il s'intéresse aux méthodes employées, vérifie les résultats acquis et saisit toutes les occasions qui s'offrent à lui de se former une opinion personnelle sur la valeur des candidats qu'il aura à noter.

L'admission au concours pour les écoles constitue une véritable proposition pour le grade de sous-lieutenant. Il importe donc à la bonne constitution des cadres de l'armée que la préparation des sous-officiers jugés susceptibles d'arriver à ce grade soit l'objet de l'attention la plus soutenue; les officiers généraux doivent se rendre compte personnellement, au cours de leurs inspections, que rien n'a été négligé pour assurer cette préparation d'une façon aussi complète que possible.

ANNEXE N° 1.

Ouvrages d'enseignement à l'usage des cours spéciaux d'instruction élémentaire.

La liste des ouvrages à employer pour les cours spéciaux d'instruction élémentaire est fixée par le chef de corps sur la proposition de l'officier directeur des écoles régimentaires.

Ces ouvrages ne peuvent être choisis que parmi ceux autorisés pour l'enseignement public des écoles de l'Etat.

ANNEXE N° 2.

Matériel.

La salle d'école a un mobilier composé comme il suit :

Une estrade pour le professeur;
Un bureau avec tiroir fermant à clef placé sur l'estrade;
Six chaises;
Des tables garnies d'encriers et de bancs;
Une armoire fermant à clef munie de ses rayons;
Le nombre de luminaires nécessaires.

Les murs sont garnis de portemanteaux en nombre suffisant.

Le matériel fixe d'enseignement comporte :

1° Un globe terrestre;

2° Des cartes géographiques collées sur toile et accrochées au mur;

3° Un relief représentant les diverses formes du terrain;

4° Un tableau noir.

Le matériel mobile comprend les livres, objets divers et fournitures nécessaires à l'enseignement, tant des cours des premier et deuxième degrés que des cours spéciaux d'instruction élémentaire.

L'officier directeur tient :

1° Un registre des écoles régimentaires du corps (modèle A);

2° Un carnet inventaire du matériel en service (modèle n° 15 du règlement du 20 mars 1906).

Il fait établir les pièces de dépenses pour l'achat et l'entretien des fournitures nécessaires à l'enseignement de tous les cours.

MODÈLE A.

Annexe 2
de l'Instruction
du 21 septembre 1912

Format : 21 × 30.

Désignation
du
corps.

REGISTRE
des écoles régimentaires.

INSTRUCTION POUR LA TENUE DU REGISTRE.

PREMIÈRE PARTIE.

Historique des écoles régimentaires du corps. — L'officier directeur relate dans cette partie, dans l'ordre chronologique, les différentes organisations des écoles régimentaires (cours des 1er et 2e degrés, cours spéciaux d'instruction élémentaire, etc...) du corps, du détachement ou de la garnison d'après les ordres du commandement local.

Il y fait ressortir les résultats obtenus et y mentionne les officiers et les hommes de troupe qui se font remarquer dans l'enseignement donné et les récompenses accordées.

Il tient la statistique du degré d'instruction des militaires du corps en y mentionnant leur pays d'origine et tous autres renseignements intéressants concernant l'instruction générale.

DEUXIÈME PARTIE.

CHAPITRE Ier. — *Liste des officiers professeurs des cours des 1er et 2e degrés.*

CHAPITRE II. — *Liste des élèves des cours des 1er et 2e degrés.*

TROISIÈME PARTIE.

Liste des officiers et hommes de troupe chargés des cours spéciaux d'instruction élémentaire.

Ire PARTIE.

Historique des écoles régimentaires du corps.

Feuillets blancs en nombre suffisant.

IIe PARTIE.

CHAPITRE Ier. — LISTE DES OFFICIERS PROFESSEURS DES COURS
DES 1er ET 2e DEGRÉS.

NOMS.	GRADES.	MUTATIONS ET OBSERVATIONS.
	degré.	
Une case par nom.		

CHAPITRE II. — LISTE DES ÉLÈVES DES COURS DES 1er ET 2e DEGRÉS.

NUMÉROS.		NOMS ET PRÉNOMS.	GRADES.	MUTATIONS ET OBSERVATIONS. — NOTES DE L'OFFICIER DIRECTEUR.
Unités.	Matricules.			
		degré.		
		Une case par nom.		

IIIᵉ PARTIE.

Liste des officiers et hommes de troupe chargés des cours spéciaux d'instruction élémentaire.

1° OFFICIERS.

NOMS.	GRADES.	MUTATIONS ET OBSERVATIONS.
Une case par nom.		

2° HOMMES DE TROUPE.

NUMÉROS.		NOMS ET PRÉNOMS.	GRADES.	MUTATIONS ET OBSERVATIONS. Notes de l'officier directeur.
Unités.	Matricules.			
		Une case par nom.		

Paris et Limoges. — Imprimerie militaire Henri CHARLES-LAVAUZELLE.

www.ingramcontent.com/pod-product-compliance
Lightning Source LLC
LaVergne TN
LVHW010129060726
842524LV00005B/1820